Ein wenig angedacht:

1, 2, 3 … Ich komme!

Über den Autor:

Thorsten Haßiepen, Jahrgang 1970, ist
selbständiger Rechtsanwalt in seiner
Heimatstadt Wegberg.

Nachdem er eine zweijährige Ausbildung zum
Prädikanten (ehrenamtlicher Pastor) absolviert
hat, wurde er 2010 in der Evangelischen Kirche
im Rheinland ordiniert.

Er ist verheiratet und Vater von drei Kindern.

Thorsten Haßiepen

Ein wenig angedacht:

1, 2, 3 ...
Ich komme!

tsh

Thorsten Haßiepen

Ein wenig angedacht:
1, 2, 3 ... Ich komme!

Bibliografische Information der Deutschen Bibliothek
Die Deutsche Bibliothek verzeichnet diese Publikation
in der Deutschen Nationalbibliographie;
detaillierte bibliografische Daten sind im Internet
über http://dnb.ddb.de abrufbar.

ISBN: 978-3-8482-0641-4

© 2012 Thorsten Haßiepen, Wegberg, Az. 177/05, **tsh**

Umschlaggestaltung und Grafiken:
Stefanie Haßiepen - haßiepenDesign - www.hassiepen-design.de

Umschlagbild:
Stefanie Haßiepen

Herstellung & Verlag:
Books on Demand GmbH, Norderstedt

Für

Hanna Schippers

6

Inhaltsverzeichnis

8

Das Vorwort

Was schreibt denn da ein Jurist über theologische Themen? Kann das denn gutgehen?

In der Tat kann man sich schnell fragen, wie es sein kann, dass ein Jurist gleichzeitig ein ordinierter Prädikant (ehrenamtlicher Pastor) ist. Schließen sich doch rechtliche Belange und Fragen des Glaubens auf den ersten Blick aus.

Schaut man aber schon in unser Grundgesetz, findet man in dem ersten Satz den Bezug auf Gott und die Feststellung, dass zumindest die deutsche Verfassung »in Verantwortung vor Gott« entstanden ist.

Theologie und Rechtswissenschaft ergänzen sich in der Tat. Vieles ist eine Glaubensfrage.

Vieles ist Ansichtssache. Wertesysteme werden auch durch deren religiöse Herkunft geprägt.

Dies wird nicht nur deutlich, wenn vor Gericht gerufen wird: »Das schwöre ich bei Gott!«, sondern auch in den vielen Fragen des Alltäglichen, bei denen wir uns fragen, was denn nun »Recht« ist, was »richtig« ist.

So darf ich Sie einladen, mich auf der Suche zu begleiten. Die Rechtswissenschaft sucht nach der Gerechtigkeit, die Theologie nach der einen Wahrheit. Beide Ziele umschließen sich, gehen nicht ohne das jeweils andere.

Lesen Sie dieses Buch und lassen es auf sich wirken. Lesen Sie es in Ruhe, ohne Eile, wenn Sie hierfür Muße haben.

Sie werden spüren, wie die Liebe Gottes tatsächlich wahrnehmbar ist … meistens auf eine Art und Weise, wo und wie wir sie eben überhaupt nicht erwarten ... in dem ganz normalen Alltag.

Das ist das Geheimnis. Wir leben nicht auf einer Insel in unserer kleinen Welt. Wir Menschen sind miteinander verbunden, gehören zueinander, stützen und ergänzen uns...

Wegberg, im April 2012

Thorsten Haßiepen

»Ein wenig angedacht«

Die Bücher der Reihe »Ein wenig angedacht«
sind kurze Einheiten, sozusagen
Gedankensplitter, welche sich auf ein
bestimmtes Thema in Kürze konzentrieren.

Anhand einer kleinen Bibelstelle, welche auch
Grundlage für eine Predigt gewesen ist oder
noch sein kann, sollen ein paar kurze
Gedanken ausgeführt werden, die helfen
mögen, das Thema von einer vielleicht
anderen und neuen Seite zu beleuchten.

Wir bekommen immer wieder Ratgeber,
Seminare, Lehren und Glaubenssätze
angeboten, gar angepriesen, die für sich das
Recht in Anspruch nehmen, sie seien die
einzig wahren und heilsbringenden

Möglichkeiten, ein erfülltes Leben zu erreichen.

Dem widerspreche ich entschieden. Es gibt nicht die *Eine* Lehre, den *Einen* Glauben, die *Eine* Weltanschauung.

Menschen sind unterschiedlich. Sie leben in unterschiedlichsten, teils über Jahrtausende gewachsenen Kulturen. Jedem ist die eigene Kultur die Nächste.

Viel Leid, Tod, Kriege, Auseinandersetzungen haben solche Absolutheitsansprüche in unsere Welt gebracht.

Die Bücher dieser Reihe »Ein wenig angedacht« stellen eben keinen Absolutheitsanspruch auf. Sie möchten nur den Gedanken von Ihnen, verehrte Leserinnen und Leser, einen kleinen Schubs geben, um vielleicht auch einmal in eine andere Richtung zu schauen, die wir noch nicht gewohnt sind.

Sie sollen das Thema auch nicht in alle Winkel und Ecken ausleuchten, sondern vielmehr eine »Andacht« sein, die wir dann gemeinsam oder für uns selbst weiter entwickeln können ... in unseren ganz persönlichen Gedanken...

Und so mögen uns diese Gedanken dazu bringen, uns einander zu nähern, die Hände zu reichen, Frieden zu schaffen und zu halten, über Familien, Länder und Glaubensgrenzen hinweg.

Nun aber darf ich Ihnen wünschen, dass Sie sich ein wenig Ruhe nehmen, in Ihren Lieblingssessel setzen und die Worte ungestört und in Ruhe auf sich wirken lassen mögen.

Legen Sie das Buch nach der Lektüre nicht sofort weg, sondern halten Sie es noch einige Zeit in den Händen, betrachten Sie es und fühlen Sie, wie es sich halten lässt.

Lassen Sie aufkommende Gedanken durch
Ihren Kopf ziehen und lassen sich ein wenig
überraschen über die Wege, die diese
Gedanken manchmal gehen können.

Ich wünsche Ihnen, dass Sie die
verstreichende Zeit genießen können und
interessante Begegnungen in der jetzt
beginnenden Lektüre...

Der Bibeltext

1. Buch Mose, Kapitel 3 Verse 8 bis 13
(Luther 1912):

> *»Und sie hörten die Stimme Gottes des
> Herrn, der im Garten ging, da der Tag
> kühl geworden war.*

> *Und Adam versteckte sich mit seinem
> Weibe vor dem Angesicht Gottes des
> Herrn unter die Bäume im Garten.*

> *Und Gott der Herr rief Adam und
> sprach zu ihm: Wo bist du?*

> *Und er sprach: Ich hörte deine Stimme
> im Garten und fürchtete mich; denn ich
> bin nackt, darum versteckte ich mich.*

*Und er sprach: Wer hat dir's gesagt, daß
du nackt bist? Hast du nicht gegessen
von dem Baum, davon ich dir gebot, du
solltest nicht davon essen?*

*Da sprach Adam: Das Weib, das du mir
zugesellt hast, gab mir von von dem
Baum, und ich aß.*

*Da sprach Gott der Herr zum Weibe:
Warum hast du das getan? Das Weib
sprach: Die Schlange betrog mich also,
daß ich aß.«*

1, 2, 3 ...
Ich komme!

Vor ca. 40 Jahren setzte Neil Armstrong als erster Mensch einen Fuß auf den Mond.

Der Mensch hatte somit seine vertraute Erde verlassen und war in andere Sphären vorgedrungen, in einen an sich lebensfeindlichen Weltraum, eine völlig fremde und ungewohnte Welt.

Als Armstrong aus der Raumkapsel auf den Mond trat, sprach er:

> »Es ist ein kleiner Schritt für einen Menschen, aber ein großer Sprung für die Menschheit.«

Wer kennt ihn nicht, diesen Satz.

Doch der Ausspruch von Armstrong passt auch auf ein anderes Ereignis.

Er passt auch auf jenen Sündenfall, als Adam und Eva im Paradies in die verbotene Frucht bissen und somit Gottes Wort missachteten.

Ein kleiner Biss … mit großen Folgen.

Kaum war er getan, befanden sich Adam und Eva plötzlich in einer anderen Welt. Alles hatte sich irgendwie verändert. Das Paradies … es war verloren.

Doch anders als für Neil Armstrong, war der Sündenfall für Adam und Eva zu einer Einbahnstraße geworden.

Armstrong musste nur wieder in sein Raumschiff steigen und kam auf seine vertraute Erde zurück.

Für Adam und Eva hingegen, gab es keine Rückkehr mehr. Der Weg ins Paradies war versperrt.

Manch einer sagt hierzu sogar, Gott habe den Menschen aus dem Paradies geworfen.

Seitdem malt sich der Mensch dieses Paradies, diese verlorene Welt, in den schönsten Farben aus.

Wir selbst haben es ja nicht gekannt. Alles, was schön und erstrebenswert ist, Träume von einer besseren Welt, manchmal wehmütige Sehnsucht ... das ist unsere Vorstellung von Paradies.

Doch was nützt es? Die Realität ist hier!

Wir sind im »Hier und Jetzt« angekommen.

Mit dem Sündenfall hat der Mensch seine Klarheit eingebüßt, seine Eindeutigkeit verloren. Hinter die Erkenntnis von Gut und Böse kommen wir nicht mehr zurück.

Zu kompliziert ist die Welt durch die Zeit bis heute geworden. So kompliziert, dass wir sie manchmal gar nicht mehr verstehen können … oder wollen.

Der Mensch lebt zwischen Extremen. Er lebt zwischen

»Gut« … und … »Böse«.

Er ist zu beidem, oder ich sollte besser sagen, zu »allem« fähig.

Täglich pendeln wir zwischen diesen beiden Extremen hin und her, suchen unseren Weg.

Wir versuchen gut zu sein, geben uns manchmal dem Bösen hin.

Und manchmal lassen wir uns auch einfach nur treiben.

Der Mensch ist gut *und* böse.

Oder ist er nicht eher das »*und*« dazwischen?

Das »*und*« zwischen Zweifel und Gewissheit, zwischen Können und Nichtkönnen...

Das »*und*« zwischen Kopf und Bauch, zwischen Denken und Fühlen, zwischen Begeisterung und Enttäuschung, zwischen Sein und Nichtsein, zwischen sich selbst und anderen...

Dieses »Dazwischensein« können wir auch in unserem Alltag oft beobachten.

Da sind wir weder Fisch noch Fleisch, bekennen uns nicht zu dem einen oder anderen. Im Alltag spielen wir gerne eine Wirklichkeit vor, die es so eigentlich gar nicht gibt.

Schauen wir uns das einmal gemeinsam an:

Da nehmen wir ein wunderbares Essen zu uns, serviert von einem entspannt lächelnden Kellner, der gerade noch in der Küche sich überschlagen hat, um uns mit dem Ambiente gerecht zu werden.

Da gibt es die Enten, die so vermeintlich ruhig und ehrenvoll über das Wasser gleiten und sich unter der Oberfläche abstrampeln, um gegen den Strom, der sie ansonsten wegreißt, anzukommen.

Da gibt es so manchen Manager, der so viel Leistung bringt, dass andere nur staunen, wie er das macht. Er gibt an und teilt mit, es sei einfach eine Frage des Wollens. Aber heimlich nimmt er Tabletten, damit er Tempo und Druck überhaupt noch aushalten kann.

Genauso blenden *wir* oft unser Gegenüber mit einer vermeintlichen Realität, von der wir eigentlich wissen, dass es sie so nicht gibt.

Fehler zugeben, das fällt uns schwer.

Wir müssen der Starke, die Große und einfach nur der Zuverlässigste sein. Egal was passiert, man muss allem gewachsen sein, die Dinge in der Hand haben.

Und wenn wir dann einmal etwas getan haben, was nicht mehr so einfach gerade zu rücken ist, dann verhalten wir uns wie Adam und Eva...

Stellen Sie sich die Situation im Garten Eden einmal bildlich vor:

Adam und Eva haben von jener Frucht abgebissen.

Das Paradies ist verloren und sie bemerken, dass sie ohne Kleidung vor ihrem Schöpfer stehen.

Sie schämen sich.

Gott kommt und ruft: *»Wo bist Du?«*

Es ist eine einfache Frage, oder?

Und was macht Adam? Adam antwortet aus dem Hinterhalt und meint, er sei nackt, daher habe er sich lieber versteckt.

Gott stellt eine weitere einfache Frage: *»Wer hat dir gesagt, dass du nackt bist? Hast Du etwa von der Frucht gegessen?«*

Doch anstatt mit einem ebenso einfachen klarem »Ja« zu antworten, legt Adam die Verhaltensweise an den Tag, die wir alle nur zu gut kennen.

Er zeigt mit seinem Finger auf sein -wie nennt die Bibel sie- Weib und meint: »Die da, *die* hat mich verführt. *Ich* kann doch nichts dafür.«

Gott denkt sich vermutlich seinen Teil, geht weiter und stellt nun Eva eine genauso simple Frage: *»Warum hast du das getan?«*

Tja, und auch Eva legt eine gleiche Verhaltensweise wie ihr Gatte an den Tag und meint nur: *»Ich?* Die Schlange, *die* hat mich verführt. *Ich* bin betrogen worden.«

Tja, und die Schlange hatte zu wenig Rückrat, konnte dem Herrn leider nicht aufrecht gegenüber stehen, sondern schlängelte sich davon…

Wie oft können wir diese Geschichte jeden Tag beobachten!

Jemand tut etwas, was nicht so gut ist. Er zeigt mit erhobenem Finger auf jemand anderen, der es schuld sein soll und so nehmen die Zuweisungen ihren Lauf.

Keiner ist verantwortlich und keiner war's gewesen.

Wir haben jemandem die Vorfahrt genommen, er schimpft uns aus … und wir schimpfen zurück, statt einfach nur »Entschuldigung« zu sagen.

Auf der Arbeit haben wir einen Bock geschossen. Sofort versuchen wir verzweifelt, diesen zu vertuschen, von uns abzulenken.

Vielleicht hat es ja keiner gesehen.

Berechtigter Zweifel bewahrt den Angeklagten vor der Verurteilung im Strafprozess. Also gilt es, von sich selbst abzulenken, alternative Handlungsabläufe aufzuzeigen. Wohlgemerkt, meist sind es gar nicht mal die Anwälte, die dies freiwillig tun. Obwohl sie helfen wollen, werden sie schlichtweg selbst in die Irre geführt.

Und es gibt natürlich auch die sogenannten »Großen« dieser Welt, die nie etwas selbst verschuldet haben.

Wie heißt es so schön: »Die Großen fängt man ... die Kleinen hängt man!«

Wie wahr ist dieser Spruch in der heutigen Zeit. Krisen haben andere auszubaden. Die Verursacher decken sich mit einer großen Sonderzahlung ein und gehen ungescholten nach Hause. Die Kleinen bleiben auf der Strecke.

Manch ein Aktiendepot heutzutage kann Bände davon erzählen.

Diese Verhaltensweise des Ablenkens, »Tarnen, Täuschen und Versteckens«, ist allgegenwärtig ... ob auf der großen Bühne der Weltpolitik, in den Gerichtssälen, in Firmenhierarchien, in Familien und eigentlich überall da, wo Menschen zusammen sind.

Früh fangen wir damit an.

Wie antwortet ein Kleinkind, auf eine Missetat angesprochen: »Aber *der* hat angefangen!«

Doch kommen wir zurück ins Paradies. Gott macht es uns so einfach. Er fragt ein Einfaches: *»Mensch, wo bist Du?«*

Er fragt nicht nach Erklärungen, er will einfach nur wissen, wo wir sind. Er möchte mit uns zusammensein. Er sucht uns!

Stellen Sie sich das einmal vor. Da ist der Schöpfer dieser Erde, der die Macht über alles hat, der Leben erschaffen und vernichten kann. Was macht er?

Er sucht *uns* ... uns Menschen!

Warum also sollten wir uns verstecken? Weil wir nackt vor ihm sind? Weil er alles über uns weiß?

Es gibt keinen Grund, dass wir uns vor ihm verstecken.

Vor ihm können wir uns zeigen, so wie wir sind … mit allen unseren (vermeintlichen) Vorteilen, aber auch (oder gerade) mit unseren Makeln und Nachteilen.

Doch genau darin liegt das Problem … und das nicht nur vor Gott.

Wir verstecken unsere wahren Gefühle oft, wo wir nur können.

Wir verstecken sie, um nicht verletzbar zu sein. Wir verstecken sie, um nicht entdeckt zu werden und wir verstecken sie in der Furcht, dass uns unsere Ehrlichkeit irgendwann einmal einholen könnte.

»Der Ehrliche ist der Dumme«, heißt es dazu auf einem Buchtitel. Und wie sehr spricht uns zumindest der Titel aus dem Herzen.

Wir sehen um uns herum, wie andere Menschen durch Lug und Betrug zu Geld, Vermögen und Ansehen kommen, andere ausnutzen, nur sich selbst kennen und doch erhobenen Hauptes durch das Leben gehen.

Schauen wir uns überall um, in diesen Zeiten der Krisen. Da erkennen wir diese Menschen, die alles Schuld sind, die uns da hinein geritten haben, die sich die Taschen voll machen und uns damit manchmal nicht nur finanziell ins Verderben stürzen.

Diese Welt ist schlecht, so der mittlerweile oft vorherrschende Grundtenor der Nachrichten.

Doch was antworten wir selbst, wenn wir von Gott gefragt werden: *»Mensch, wo bist Du?«*

Können wir trotz der vielen Krisen eigentlich sagen, wo wir stehen? Können wir selbst kurz und knapp antworten?

Schaffen wir es, ohne Schuldzuweisung unseren eigenen Standpunkt zu nennen und ihn auch anzuerkennen?

Seien wir ehrlich:
Es ist so, dass viele »Große« dieser Welt auf Kosten der »Kleinen« leben, dass sie sich ihre Taschen voll machen, ohne Rücksicht auf Verluste. Es ist so, dass Kriege geführt werden, in denen sich der einzelne Kämpfer fragt: »Was soll das eigentlich?«

Doch was nützt uns der Hinweis hierauf für unsere eigene Situation?

Wenn der große Handelskonzern direkt neben dem kleinen »Tante-Emma-Laden« aufmacht, bleibt dessen Besitzerin das Herz vor Angst stehen. Alles spricht davon, dass sie nunmehr bald verschwinden werde, denn gegen »die Großen« kommen wir nicht an.

Doch Tante Emma gibt sich damit nicht zufrieden. Sie ist klein. Sie ist nicht so gut sortiert, wie der Riese nebenan. Vieles hat sie nicht auf Lager, muss es erst bestellen. Aber sie macht es. Sie spricht mit den Kunden. Sie hört ihnen zu. Sie bleibt sich treu. Einige Kunden wandern ab. Einige bleiben. Und einige kommen hinzu.

Manchmal auch kommt es zur bitteren Erkenntnis, dass den meisten Kunden eben doch der Preis heilig ist und man muss die Pforten schließen.

Aber oft kommt es eben auch dazu, dass man eigene Stärken in der Krise erkennt, wenn man sich ihr stellt. Da gibt es dieses kleine Angebot, was nur Tante Emma ihren Kunden machen kann … ihr Geheimrezept … ihre Patentlösung.

»Wenn Du ein Problem hast, geh' zu Tante Emma. Die kann Dir helfen«, flüstern sich die Leute zu.

Und siehe da, es ist schwer … aber es geht weiter. Es geht gut. Und es wird besser.

Tante Emma überlebt. Sie ist diejenige, die allen Unkenrufen trotzt und in den Spiegel schaut und sagt: »Hier bin ich!«

Sie hat ihre Seele bewahrt, hat sich dem Problem gestellt. Sie hat sich nicht versteckt … und überlebt.

Und genau so ist es auch mit uns Menschen als solchen.

Schauen wir uns um, so stellen wir fest, dass diese Welt, in der wir leben, Gottes Schöpfung ist. Wir Menschen sind von ihm gemacht.

Mein Lieblingszitat ist: »Zu seinem Bilde schuf er ihn« ... den Menschen.

Das Paradies ist nicht auf immer verloren. Es ist eben »nur ein bisschen schwierig« zu erkennen. Denn unser Blick ist verstellt, unser Hören durch den Lärm des Alltages getrübt.

Wir sind eben nicht gefangen in dem »*und*« zwischen unseren Extremen. Wir haben vielmehr die Möglichkeit, *beides* zu tun.

Wir können zweifeln und glauben, wir können trauern und träumen, wir können weinen und lachen.

Und das Wichtigste von allem: Gott ruft uns immer noch in sein Paradies.

Er belässt es nicht bei der Frage: *»Mensch, wo bist Du?«*

Nein, er ruft auch weiter: *»Mensch, komm wieder!«*

Und so können wir Gottes Ruf hören, wenn wir innehalten und zuhören. Die Stimme Gottes, und das glaube ich fest, ist da, sie ruft uns und sie lädt uns ein.

Wir brauchen uns nicht zu verstecken. Wir brauchen uns auch nicht zu schämen. Wir können offen sein, brauchen nicht vor Gott zu fliehen.

Nein, wir können uns im Angesichts Gottes hinstellen und sagen: »Gott, hier bin ich!« … und weiter: »Hier bin ich, Du kennst mich, weißt, wie ich bin!«

Egal wer wir sind, wo wir herkommen, was wir geleistet haben. Egal, ob oben oder unten, links oder rechts. Gott selbst, er hält uns fest.

Er sieht das Außergewöhnliche, das Unbeschreibliche, das Unvorstellbare und das Unglaubliche. Denn er kennt uns! Es sorgt für uns auch in der Krise.

Er weiß, was wir brauchen und er gibt es uns:

> *»Darum sollt ihr nicht sorgen und sagen: Was werden wir essen, was werden wir trinken, womit werden wir uns kleiden? Nach solchem allem trachten die Heiden. Denn euer himmlischer Vater weiß, daß ihr des alles bedürfet.«*
>
> Matthäus, Kapitel 6, Verse 31 bis 32

Viele Menschen haben diese Stimme auch gehört und sind ihr einfach gefolgt.

Und in diesem Wissen um Gottes Gnade und Sorge für uns, können wir jederzeit auf seine Frage *»Mensch, wo bist Du?«* ehrlich, offen und frei, einfach und laut erklären:

»Hier, Herr! Hier bin ich!«

Noch etwas: Die Bücher

Erlauben Sie mir noch eine Anmerkung zu den Büchern dieser Reihe »Ein wenig angedacht«.

Sicherlich haben Sie bemerkt, dass die Bücher relativ dünn und in einer großen Schriftart gedruckt sind.

Dies ist so gewollt.

Die Bücher sollen einen Anreiz geben, sie in überschaubarer Zeit durchzulesen.

Gleichzeitig möchte ich auch denjenigen Leserinnen und Lesern die Möglichkeit geben, die Zeilen mit Interesse zu lesen, wenn sie nicht oder nur eingeschränkt über eine ausreichende Sehkraft verfügen.

Eine große Schriftart und komprimierter Inhalt, der sich auf das Wesentliche beschränkt, dienen beiden Zielen.

Vielleicht wird es auch einmal umfassendere Bände der Reihe geben. Dem Wesen nach aber will ich einen Grundstein für Gedanken legen und diese nicht in alle Verästelungen hinein auslegen.

Der Sinn der Bücherreihe sind wachsende Gedanken … hin zum Guten. Es kann aber nur das wachsen, was nicht eingeschränkt oder begrenzt wird.

Und daher sind die Bücher dieser Reihe dünn und mit großer Schriftart…

Und sonst... ?

Hier finden Sie eine Übersicht der bereits
erschienenen Bände der Reihen

»Ein wenig angedacht«

und

»Worauf es ankommt«.

Gerne kann ich Sie auch über die
Neuerscheinungen informieren, wenn Sie mir
entweder einen Brief mit Ihrer Adresse
zusenden oder sich in den Newsletter auf der
Internetseite eintragen:

www.ein-wenig-angedacht.de

Aus der Reihe »Ein wenig angedacht«:

Band 1:

Darum prüfe, wer sich ewig bindet!

ISBN: 978-3-8423-7792-9

Wir Menschen sind füreinander geschaffen. Für jeden gibt es einen anderen Menschen, der oder die zu ihm passt. Die Suche ist manchmal schwierig … aber sie lohnt sich!

Band 2:

In guten wie in schlechten Zeiten!

ISBN: 978-3-8423-8065-3

Wir gehen jeden Tag Bündnisse mit anderen Menschen ein, in allen Bereichen unseres Lebens. Diese Bündnisse gelten in guten wie in schlechten Zeiten … und müssen gepflegt werden.

Aus der Reihe »Worauf es ankommt«:

Band 1:
Die Zwei
…hier beginnt Gemeinde
ISBN: 978-3-8423-6224-6

Zwei Menschen, die sich begegnen …
das ist der Schlüssel für das
menschliche Miteinander … und da
beginnt Gemeinde.

Band 2:
Die Ernte
…was man sät…
ISBN: 978-3-8423-6412-7

»Wie man in den Wald hineinruft…«
»Was man sät…«
Ein lebhaftes Plädoyer für ein
Innehalten und Überdenken der
eigenen Worte und Taten.

Band 3:
Das Licht
...glänzend und allumfassend
ISBN: 978-3-8423-6416-5

Licht ist unser Lebenselixier. Ob das
tatsächliche Licht oder Licht im
übertragenen Sinn ... wir können
sehen, wo wir gebraucht werden.

Ebenfalls erschienen:

Thorsten Haßiepen (Hrsg.)
Das Bibel Taschenbuch
ISBN: 978-3-8334-6701-1

Ein Begleiter für jeden Tag.
Bibelverse geordnet nach
Stichworten und somit auffindbar
dann, wenn man nach ihnen sucht...

Weitere Informationen

Weitere Informationen zu dem Projekt
»Ein wenig angedacht« im Internet:
www.ein-wenig-angedacht.de

Weitere Informationen zu dem Projekt
»Worauf es ankommt« im Internet:
www.worauf-es-ankommt.info

Wöchentliche Andachten des Autors:
www.wochenandachten.de

Alle Bücher sind als Druckversion
und als eBook's erhältlich.

Gott segne Dich und behüte Dich.

Er lasse sein Angesicht leuchten über Dir
und sei Dir gnädig.

Er hebe sein Angesicht über Dich
und gebe Dir Frieden.

Amen.